AF311129

L 27/32
34928.

NOTICE NÉCROLOGIQUE

SUR

M. L'ABBÉ BRENANS

CHANOINE HONORAIRE

DIRECTEUR AU SÉMINAIRE DE LONS-LE-SAUNIER

LONS-LE-SAUNIER

IMPRIMERIE ET LITHOGRAPHIE J. MAYET ET Cie

20, rue St-Désiré, 20

1884

NOTICE NÉCROLOGIQUE

SUR

M. L'ABBÉ BRENANS

CHANOINE HONORAIRE

DIRECTEUR AU SÉMINAIRE DE LONS-LE-SAUNIER

———

LONS-LE-SAUNIER

IMPRIMERIE ET LITHOGRAPHIE J. MAYET ET Cie

20, rue St-Désire, 20

—

1884

M. L'ABBÉ BRENANS

CHANOINE HONORAIRE

DIRECTEUR AU SÉMINAIRE DE LONS-LE-SAUNIER

La vie de M. l'abbé Brenans, qui vient d'être enlevé au séminaire et au diocèse de Saint-Claude, a été trop ecclésiastique : il occupait depuis longtemps une place trop considérable dans l'estime et la vénération de tout le clergé, pour que nous ne rendions pas un hommage public à sa mémoire, en redisant ce que fut cette belle et longue carrière sacerdotale de plus de 56 ans.

Nous le ferons avec un pieux respect, nous appliquant à no jamais dépasser la juste mesure de l'éloge, pour ne pas blesser, même après la mort, la modestie de celui qui n'aima rien tant que l'obscurité et le silence autour de son nom, et à qui déplut toujours souverainement la louange.

I

Charles BRENANS naquit à Mesnay le **17** février 1803. Il appartenait à une de ces familles de cultivateurs honnêtes et chrétiens auxquelles le travail apporte une modeste aisance, et où l'Eglise aime de préférence à recruter ses ministres. La religion s'est conservée fidèlement dans la famille du pieux directeur, qui compte encore, à l'heure présente, deux de ses membres consacrés à Dieu : Dom Viennet, Bénédictin de Solesmes ; et sœur Anselme, des Filles de Marie-Immaculée d'Agen.

C'est à l'âge de seize ans que Charles Brenans fut envoyé à Ornans, pour y commencer ses études en vue de l'état ecclésiastique. Ses parents l'avaient occupé jusque-là aux travaux de la vigne. Nous l'avons souvent entendu rappeler son attrait pour cette culture, la plus attachante de toutes, disait-il. En 1819, le petit séminaire d'Ornans avait pour supérieur, M. l'abbé Doney, si connu depuis comme évêque de Montauban. M. Waille, l'un des prêtres les plus éloquents et les plus capables du diocèse, y enseignait la rhétorique, en attendant qu'il fut nommé curé d'Arinthod. Au nombre des condisciples du futur directeur, nous mentionnerons Mgr Mabile, venu tard, lui aussi, au petit séminaire, mais dont les succès eurent bientôt révélé l'esprit mûr et solide ; il devait à son tour être appelé à l'honneur de l'Episcopat et occuper successivement les siéges de Saint-Claude et de Versailles.

II

Au bout de quatre années passées à Ornans, M. Brenans entrait au grand séminaire de Besançon. L'enseignement théologique y était alors représenté par un prêtre, qui occupe une grande place dans l'Eglise de France, au XIXe siècle, M. l'abbé, depuis le Cardinal Gousset. C'était en 1823 ; l'année suivante, le diocèse nouvellement érigé de Saint-Claude voyait son séminaire provisoirement établi à Orgelet, dans l'ancien couvent des Bernardines de cette ville. La maison fut constituée sur le modèle et conformément aux règles et traditions du séminaire de Besançon, avec M. Genevay, de vénérée et sainte mémoire, pour Supérieur. On lui adjoignit M. Bailly comme Économe et M. Jacquenod comme Conférencier. MM. Martin et Louiset furent chargés de l'enseignement de la théologie. (1).

M. Brenans fut de la pemière rentrée. Sur la liste des séminaristes de son année, nous avons aimé à retrouver le nom de M. Faivre, Jean Ferdinand, dont on fit successivement un professeur de philosophie au petit séminaire de Vaux, un directeur au grand séminaire, et qu'il fallut enfin laisser partir pour les missions de Chine, où son âme ardente et généreuse se sentait appelée par une vocation irrésistible.

(1) Les souvenirs qui se rattachent à ces noms déjà anciens méritent d'être rappelés. M. Genevay avait été avant la Révolution, en compagnie de MM. Ferrez et Thevenin, directeur du séminaire de Saint-Claude. La persécution trouva les trois prêtres fidèles. Durant les mauvais jours, alors que tant de paroisses étaient privées de pasteurs, on les vit, au péril de leur vie, porter aux fidèles les secours de la religion.

La paix une fois rendue à l'Eglise, pendant que M. Thevenin devenait curé de Saint-Claude, M. Genevay, après avoir administré les paroisses de Thoirette et d'Arinthod, était appelé en qualité de directeur, au séminaire de Besançon. Il y enseignait la Morale, quand Mgr de Chamon, le nouvel évêque de Saint-Claude, lui confia la direction de son séminaire.

Les prêtres qu'on lui associa pour cette œuvre étaient tous jeunes. M. Bailly fut pris à Sirod, où il ne faisait que débuter comme vicaire ; c'est lui qui devait, en 1839, remplacer M. Genevay, dans les importantes fonctions de Vicaire général et de Supérieur du séminaire, fonctions qu'il a remplies, pour le plus grand bien du diocèse, pendant vingt ans. — Le conférencier, M. Jacquenod, était depuis quatre ou cinq ans curé de Viry ; il reprit, au bout de deux ans, le ministère pastoral, qu'il exerça pendant près de cinquante ans à Morbier, laissant au séminaire une réputation de grand zèle dans la direction des séminaristes. — M. Martin dirigeait l'école ecclésiastique de Nozeroy, quand on l'appela à Orgelet. Malgré les dix années qu'il passa au séminaire, il est principalement connu dans le diocèse comme supérieur de la Mission. C'est sous M. Martin, en effet, qu'a été proprement constituée la mission diocésaine ; c'est à la tête de la mission que le zèle et les autres qualités éminentes de cet homme vraiment apostolique lui ont fait un nom religieusement populaire dans le diocèse, parcouru en tous sens et évangélisé pendant tant d'années par l'infatigable ouvrier. — Le plus jeune des directeurs, M. Louiset avait brillé sur les bancs de théologie qu'il ne faisait que quitter : après être resté professeur pendant onze ans, il entra, à la fin de 1834, dans le ministère pastoral, et mourut curé de Conliége, en 1870.

Il ne reste de cette nombreuse année qu'uu seul prêtre, M. Bulabois, curé d'Augisey. C'est à Orgelet que M. Brenans termina sa théologie et qu'il reçut successivement les Ordres, à partir de la tonsure. Mgr de Chamon lui conférait l'onction sacerdotale à la grande ordination du 9 juin 1827, dans l'ancienne collégiale, aujourd'hui église paroissiale d'Orgelet.

Le cadre de la vie du prêtre est facile à tracer. Nous le trouvons d'abord, de 1827 à 1830, vicaire de Saint-Anatoile de Salins, curé de Vernantois et missionnaire diocésain; puis, de 1830 à 1843, curé d'Esserval; et enfin directeur au grand séminaire, pendant les quarante dernières années de sa longue et laborieuse carrière, de 1843 à 1883. Nous serons brefs sur les débuts, nous réservant d'étudier de plus près, en M. Brenans, et le curé d'Esserval et le directeur au grand séminaire.

III

A Saint-Anatoile de Salins, M. l'abbé Brenans fut plutôt le suppléant que l'aide de son curé, M. Collisson, un vieillard à qui il dût rendre les derniers devoirs. L'apprentissage semblera rude pour un débutant, si l'on considère les difficultés d'un semblable ministère. Le jeune prêtre s'acquitta de sa tâche modestement, dans la mesure de ses forces, et non sans se concilier l'affection et l'estime des paroissiens les plus recommandables. Le temps si court qu'il passa à Vernantois, suffit à lui attacher une famille chrétienne bien connue, qui devait lui conserver jusqu'à la fin une affection fidèle. C'est à Vernantois que M. Brenans commença à sentir le poids de la charge pastorale. Aussi accepta-t-il volontiers de quitter sa paroisse pour entrer à la mission diocésaine, qui venait de se constituer sous M. Chavin, curé des Bouchoux (1). Les premiers missionnaires furent, avec M. Brenans, M. Bœuf, dont le clergé de ce temps n'a pas oublié la puissante éloquence; M. Gindre, décédé curé de Moirans; M. Paget, mort au séminaire en 1834. Ils s'installèrent dans la maison qu'habitent encore aujourd'hui leurs successeurs. Elle avait été donnée au diocèse par le Père Agathange, cet ancien capucin, alors curé de Saint-Désiré, dont la mémoire est demeurée si populaire, et qui, dans sa pauvreté, avait déjà trouvé le moyen de fonder à Lons-le-Saunier les deux établissements si précieux des Frères des écoles chrétiennes et des Sœurs de la Charité.

(1) Le nom de M. l'abbé Chavin est un de ces noms que le diocèse ne devrait point laisser tomber dans l'oubli. Il rappelle un des prêtres les plus considérables de la première moitié de ce siècle, un de ceux qui ont le plus fait, au lendemain du Concordat, pour reconstituer les paroisses et le diocèse. Emule, pendant les mauvais jours, de M. Thevenin et du vénéré M. Paget, curé des Rousses, il partagea toutes leurs fatigues et tous leurs périls en visitant la nuit les paroisses privées de pasteurs. Une simple femme de Saint-Claude, admirable de foi et de courage, s'était faite leur coadjutrice dévouée, entreprenant maints voyages à la frontière, sous des costumes déguisés, pour porter les correspondances. Aussi a-t-elle mérité d'avoir un fils élevé à l'épiscopat, en la personne de Mgr Peschoud, mort Evêque de Cahors M. Chavin, dont nous voudrions rappeler ici la belle et grande figure, était remarquablement doué pour le rôle auquel l'avait destiné la Providence. C'était au physique un homme de belle et forte stature, d'un extérieur agréable, d'un tempérament de fer, qui lui permettait de résister aux plus grandes fatigues, de supporter les plus longs jeûnes. Il savait tempérer, avec une rare bonté de cœur, une fermeté et une énergie dans l'action, que rien ne décourageait ni ne rebutait. Son autorité dans sa paroisse était unique; il l'a faite ce qu'elle est. Grâce à l'activité qui secondait admirablement le zèle du prêtre, M. Chavin trouvait le moyen d'être partout, dans une paroisse de 2,700 âmes, dont il parcourait sans cesse les hameaux disséminés sur un vaste territoire, prenant son repas dans quelque pauvre maison écartée, y couchant quelquefois, et s'y trouvant aussi bien que chez lui, par l'excellente raison que sa vie, au presbytère, était d'une frugalité et d'une simplicité tout apostolique. Sa parole, en chaire, avait beaucoup de puissance et de force; il savait toucher et remuer son auditoire; et les âmes, au saint tribunal, lui résistaient difficilement. M. Chavin, tout en acceptant la direction de la mission diocésaine, avait conservé son titre de curé des Bouchoux, où un prêtre tenait sa place : ce qui ne le dispensait pas de visiter régulièrement sa paroisse, et d'y conduire au besoin ses missionnaires pour l'évangéliser. Tel était le prêtre auquel échut la tâche de donner à l'œuvre de la mission diocésaine son premier essai d'organisation.

Ce nouveau ministère allait bien au zèle ardent du jeune prêtre ; mais il ne put l'exercer longtemps. A peine les nouveaux missionnaires avaient-ils débuté, que les évènements de 1830 les obligeaient à se disperser.

M. Brenans fût envoyé temporairement à Esserval, paroisse peu considérable du val de Miéges, mais où la fondation récente d'un couvent d'Ursulines exigeait un prêtre de choix, sage directeur aussi bien que curé plein de zèle.

La mission tardant à se reconstituer, le provisoire se changea en définitif, et M. Brenans reçut de Mgr de Chamon son titre de curé d'Esserval. Il remplaçait M. l'abbé Poux, qui devenait l'année suivante directeur au séminaire. C'est à Esserval qu'il nous faut maintenant étudier M. Brenans.

IV

Il est dit dans l'Ecriture que le Sauveur commença par faire ce qu'il devait enseigner : « *Cœpit Jesus facere et docere* ». A l'exemple du divin Maître, M. l'abbé Brenans pratiqua pendant treize ans, à Esserval, ce que nous le verrons enseigner avec tant d'autorité au séminaire. Il fut, dans toute la rigueur du mot, ses confrères lui ont rendu ce témoignage, un curé modèle : d'une parfaite régularité de vie ecclésiastique; d'un grand zèle dans l'accomplissement de ses devoirs de pasteur; vigilant pour s'opposer au mal ; luttant sans trève, quoique toujours avec prudence, contre les abus.

L'instruction de sa paroisse était sa grande préoccupation ; aussi donnait-il tous ses soins aux catéchismes. A ses yeux, un bon catéchisme de paroisse l'emportait de beaucoup sur la meilleure instruction : à la condition toutefois qu'il demeurât catéchisme, c'est à dire qu'en regard de chaque question, le curé s'appliquât à donner du texte une explication claire et solide, mais toujours familière et simple, quoique plus ou moins développée, selon l'auditoire et les circonstances. M. Brenans excellait à faire ces sortes de catéchismes. De pieuses mères de famille, élevées chez les Ursulines, aiment encore à rappeler la manière dont il les formait à tous les devoirs de la vie chrétienne.

Le jeune curé d'Esserval était assez apprécié du petit sé minaire de Nozeroy, dont il était voisin, pour qu'on le demandât, dès les premières années, comme confesseur des élèves. L'enjouement de son esprit, la spontanéité de sa franche nature, ses habitudes simples et modestes le faisaient rechercher de ses confrères. On était bien accueilli au presbytère d'Esserval, et Mlle Brenans ne s'y prêtait pas avec moins de cœur que son digne frère. Le curé et sa sœur vivaient de peu ; rien n'était mis en réserve des revenus de l'année, selon les bonnes traditions ecclésiastiques ; avec cela, il y a toujours un superflu qui permet d'assister les pauvres et d'être hospitalier.

Avons-nous besoin de dire que la paroisse se trouvait heureuse de posséder un tel pasteur. Ce bonheur durait depuis treize ans, quand, au mois d'août 1843, commencèrent à circuler des bruits alarmants : on voulait, disait-on, donner un poste plus considérable à M. le Curé. Les paroissiens comprirent leur malheur quand, un dimanche, ils trouvèrent le presbytère fermé et virent à l'autel un prêtre étranger. M. Brenans, nommé Directeur au Séminaire, s'était retiré sans bruit à Nozeroy, ne voulant rien conserver pour lui d'un attachement qu'il désirait voir reporter tout entier sur son successeur. Mais cet attachement n'en éclata que plus : et tous, hommes et femmes, pleurèrent, comme s'il eût été leur père, le prêtre qui leur était enlevé.

V

C'est à Lons-le-Saunier qu'il nous faut maintenant suivre M. Brenans, pour ne plus le quitter jusqu'à sa mort. Le Séminaire, en 1843, avait pour Supérieur M. Bailly, avec MM. Roland, Fraignier, Groshenri, pour Directeurs. M. Thiboudet professeur de Dogme, et M. Petit conférencier, s'étaient retirés à la sortie, laissant deux places vacantes. On donna la chaire de Dogme à M. l'abbé Bouvenot. La place de M. Petit échut à M. Brenans. (1)

(1) Pour plus d'un lecteur, les noms que nous venons de citer demandent à être mieux connus. Les deux anciens directeurs, en 1843, étaient MM. Roland et Fraignier. — Entré au Séminaire dès 1826, M. Roland en a été l'économe pendant plus de vingt-cinq ans, jusqu'à l'époque de sa mort arrivée en 1865. C'est lui qui, le premier, a propagé, dans le nouveau diocèse de Saint-Claude, le tiers-ordre de S. François. On lui doit aussi la fondation, à Macornay, de l'Orphelinat et de la communauté des Religieuses Franciscaines, dont la maison-mère est aujourd'hui à Lons-le-Saunier. — M. Fraignier, si distingué comme professeur de Théologie, arrivait à Orgelet, en 1827, après avoir enseigné trois ans la philosophie au petit séminaire de Vaux. Il mourut dans la force de l'âge, en 1852. — D'abord vicaire à Dole, puis missionnaire diocésain, M. Groshenri a été, au Séminaire, le premier professeur d'histoire ecclésiastique, qu'il a enseignée de 1841 à 1851. Ce digne prêtre a rempli ensuite les fonctions d'aumônier de la Visitation à Dôle, où il a fini, il y a quelques années, sa sainte carrière. — M. Thiboudet, professeur de dogme de 1834 à 1843, s'était retiré à Poligny, puis à Ruffey. Il a composé, pendant sa retraite, le livre *Des Esprits*, dans lequel on retrouve la pure doctrine de S. Thomas, exposée avec précision, clarté, et méthode. — C'est de la cure de S. Julien que M. l'abbé Petit avait été appelé au Séminaire, en 1835. Nommé ensuite curé de Champagnole, puis chanoine de l'Eglise Cathédrale, il mourut doyen du Chapitre, en 1872. — M. l'abbé Bouvenot sortait, en 1843, des mains de M. Fraignier, qui l'avait préparé avec un soin particulier au professorat. C'était un sujet de grandes espérances, mais que l'excès de travail força, au bout de quatre ans, à se retirer dans sa famille, à Arbois, où il mourut en 1870.

Le nouveau directeur avait, en cette qualité, le Cours d'E-
criture Sainte, et il devait partager, avec M. Roland, les
Conférences spirituelles. M. l'abbé Brenans enseigna, pendant
vingt ans, l'Ecriture-Sainte. Jusque là, il n'avait pas négligé,
tant s'en faut, la lecture des Saints Livres ; sa mémoire était
déjà richement meublée de textes sacrés. Mais l'étude spéciale
qu'il fit au Séminaire, du Nouveau Testament, particulièrement des Evangiles et des Epitres de saint Paul, le prépara
admirablement à son rôle de Conférencier.

Depuis 1863 en effet, M. l'abbé Brenans fut exclusivement
chargé des Conférences spirituelles ; C'est ici, on peut le dire,
sa grande œuvre, comme directeur, l'œuvre dont tant de prêtres
profitent aujourd'hui, et qui lui vaudra la reconnaissance de
tout le clergé du diocèse. Au séminaire de Lons-le-Saunier la
tâche d'un Conférencier est considérable, quand elle n'est
portée que par un seul. Il lui faut faire tous les quinze jours
une instruction d'au moins trois quarts d'heure, nourrie de
textes d'Ecriture et des Pères. Deux fois par an, à la rentrée
et pour la grande ordination, il doit prêcher une retraite de
six jours. En outre, pendant les sept semaines qui précèdent
la prise de soutane, le conférencier donne aux Séminaristes
de première année une série d'instructions, destinées à leur
mieux faire connaître l'état ecclésiastique, la nécessité de la
vocation, les dispositions et la préparation exigées pour entrer dans la Cléricature. C'est donc, on le voit, plus de cinquante sujets à traiter chaque année. Et si l'on songe que, à
part les conférences sur la vocation qui sont propres aux nouveaux, toutes les autres s'adressent à des séminaristes qui
les entendent quatre années de suite, on comprendra l'étendue
du travail auquel doit se livrer le conférencier, pour ne pas
se répéter devant les mêmes auditeurs.

Ce travail, M. l'abbé Brenans l'avait fait : il a donné seul,
et avec succès, pendant vingt ans, toutes les conférences
spirituelles. Sa parole, toujours digne, était simple, sans or-
nements ni recherche. Mais elle pénétrait ; on sentait en
elle l'expression d'une foi profonde ; elle était marquée au

coin des convictions réfléchies de toute une vie. Très nourries des textes d'Ecriture, les instructions du pieux directeur étaient avant tout pratiques, descendant dans le détail de tous les devoirs, appliquant, plus encore qu'elles n'exposaient une doctrine spirituelle puisée aux meilleures sources. La sainteté de sa vie, cette régularité qu'on ne trouvait jamais en défaut, sa longue pratique des vertus donnait une grande autorité à sa parole. Il avait fait, il faisait tous les jours ce qu'il enseignait aux autres.

VI

Outre les conférences spirituelles, M. l'abbé Brenans fut chargé, pendant près de vingt-cinq années, d'apprendre aux séminaristes la manière de catéchiser. L'ancien curé d'Esserval était difficile à contenter sur ce point; rarement les explications lui paraissaient assez claires, les termes suffisamment à la portée des enfants; un bon catéchiste, à l'en croire, était chose rare; c'est dire qu'il ne négligea rien pour former sur ce point important les séminaristes.

Nous aurons suffisamment caractérisé la vie de tous les jours du directeur, au séminaire, en disant que, pendant les quarante années de son séjour à Lons-le-Saunier, il ne connut, à vrai dire, que le séminaire. M. Brenans était tout entier à ses devoirs de directeur. Telle a été sa régularité, que la pensée n'est jamais venue à un séminariste, qu'il ait pu manquer à un seul de ses exercices. Comme on l'a souvent répété, il était la règle, la tradition vivante du séminaire : mettant le plus grand zèle, et s'il eût fallu, une charitable franchise, au besoin, une sainte hardiesse à la faire respecter. Les convictions du pieux directeur, accompagnées toujours chez lui d'une parfaite droiture, étaient fermes et arrêtées; il se confor-

mait en tout à ce qu'il croyait dicté par l'esprit ecclésiastique.
On voit rarement une pareille énergie, autant de constance de
volonté. Sa vie, sans trop se distinguer extérieurement de
celle des autres, était austère. L'humilité fut, avec la morti-
fication, la vertu qui le distingua. Il abhorrait instinctive-
ment tout ce qui pouvait mettre sa personne en évidence,
et répugnait même à recevoir des services. Sa maxime était,
qu'il ne fallait pas laisser faire aux autres ce que l'on pouvait
faire soi-même.

M. l'abbé Brenans, depuis douze ans, était du tiers-ordre
de Saint-François, dans lequel il a reçu un grand nombre de
séminaristes et de jeunes ecclésiastiques. Les livrées de l'humilité et de la pauvreté allaient bien à cette âme qui fut toujours si humble et si détachée. Il mit à les porter, jusqu'à la
fin de sa vie, une pieuse joie et une sainte émulation.

VII

Telle a été cette vie de prêtre, qui ne se démentit pas pendant plus de 56 ans. M. Brenans consentit, en 1877, à célébrer
son jubilé sacerdotal ; mais la fête se passa en famille, au
séminaire : et il voulut qu'on la fixât à la veille de la sortie,
jour où se chante la messe d'action de grâces, afin de ne
déranger en rien le cours de l'année scolaire. Si le modeste directeur, pour donner aux siens une satisfaction bien
légitime, consentit à ce que la fête eût lieu aussi à Mesnay,
ce fut à la condition, et sous la réserve expresse, qu'il n'y
aurait point de prédication à la messe, tant il voulait éviter
qu'on parlât de lui. Il fut satisfait. Mais la population, qui
s'était rendue nombreuse à l'église, ne le fut pas. Elle témoi-
gna son mécontentement que la chaire fut demeurée muette
en cette fête de paroisse : ce qui fit regretter à M. Brenans
une mesure trop sévère.

La santé du vénérable directeur, jusqu'au printemps de 1883, s'était assez soutenue, pour lui permettre, quoique péniblement, de faire face à tout. Cependant les années commençaient à peser au vaillant octogénaire, et les infirmités étaient venues aggraver encore le poids de l'âge ; il fallut, à la fin, se rendre ; M. Brenans dut renoncer à prêcher la retraite d'ordination. A certains intervalles, l'espoir renaissait, à mesure que semblait diminuer la fatigue : mais ce n'était qu'une lueur qui disparaissait bientôt. Le mieux des vacances ne fut pas assez sensible pour laisser au pieux valétudinaire la consolation de reprendre, même en partie, les conférences spirituelles. Toutefois M. Brenans voulut, à titre d'essai, garder les entretiens *sur les actions de la journée*, dans lesquels il excellait, et les exercices de catéchisme. Son courage était assez grand, pour que rien ne fût changé dans l'extérieur de sa journée : il se levait toujours à cinq heures, célébrait sa messe comme à l'ordinaire, prenait ses repas et ses récréations avec nous. Tout ce temps fut, devant Dieu, une préparation continuelle à la mort. Quand on lui demandait des nouvelles de sa santé, il ne manquait jamais de diré : « Priez Dieu, pour que je fasse une sainte mort » ; et sa reconnaissance était touchante pour tous ceux qui l'assuraient de leurs prières.

On se disait sur la fin, en voyant cet homme de la règle vaincre les plus grandes fatigues pour ne pas se séparer de la communauté, qu'il tomberait, comme le soldat sur la brèche, au sortir d'un exercice. C'est à peu près ce qui eut lieu. M. Brenans ne s'abstint que deux jours de célébrer ; mais, ces deux jours, l'heure de sa messe venue, il voulut descendre à la chapelle pour y communier. Le samedi, 15 décembre, il passa encore une partie de sa récréation du soir avec nous. Il était convenu que, le lendemain matin, on irait le prendre, à l'heure ordinaire de sa messe, pour l'accompagner à la chapelle où il devait communier. Mais le malade ne put se lever ; ce fut Notre Seigneur qui vint à lui, dans la matinée, pour être son viatique. Notre saint confrère touchait au terme ; il rendit sans efforts sa belle âme à Dieu, vers les deux heures de l'après midi.

En M. l'abbé Brenans s'est éteinte la seconde génération des directeurs du Séminaire. Il est allé rejoindre, auprès des deux premiers supérieurs, MM. Fraignier et Roland qui l'avaient devancé dans la mort : un même tombeau réunit les restes mortels de ceux qui, employés à une même œuvre, ont vécu d'une même vie, se sont inspirés d'un même esprit. A côté d'eux repose M. l'abbé Pône, moissonné avant l'âge, et qui appartient à la génération actuelle. C'est un jeune frère qu'ils ont particulièrement aimé ; il était de la race de ceux par qui se fait, dans la tribu sainte, l'œuvre de la sanctification en Israël. Puisse cette même œuvre se transmettre intacte entre nos mains : puisse-t-elle nous trouver fidèles ! Que notre âme meure de la mort des justes, après avoir vécu ici-bas de leur vie !